Impressum
Verlag: BABADADA GmbH, Nedderfeld 112 , 22529 Hamburg
Geschäftsführer / Verlagsleitung: Harald Hof
Druck: Books on Demand GmbH, In de Tarpen 42, 22848 Norderstedt

Imprint
Publisher: BABADADA GmbH, Nedderfeld 112 , 22529 Hamburg, Germany
Managing Director / Publishing direction: Harald Hof
Print: Books on Demand GmbH, In de Tarpen 42, 22848 Norderstedt

ysgol

دبستان

ystafell ddosbarth
rhannu
پارکرن
186/2
bwrdd
تەختە
هەوشا دبستانێ
athro
مامۆستە
papur
کاخەز
ysgrifennu
نڤیساندن
pen
پێنڤیسک
desg
pren mesur
راستەک
llyfr
پرتووک
disgybl
خوەندەکار

bag ysgol

چەوال

blwch penselau

قووتی نڤیستۆک

pensil

قەلەمرساس

miniwr

نڤیستۆک تووژکر

rwber

ژێبر

pad arlunio

نڤیسکا نیگارێ

2 ysgol - دبستان

draw

نیگار

brws paent

فرچەیا رەنگی

blwch paent

قووتی رەنگ

siswrn

مەقەس

glud

لەزاق

llyfr ysgrifennu

پرتووکا فێربوون

gwaith cartref

وەزیفا مالێ

rhif

هەژمار

ychwanegu

زێدەکرن

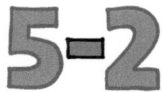

tynnu

دەرخستن

lluosi

زێدەکرن

cyfrifo

هەسباندن

A

llythyren

تیپ

ABCDEFG
HIJKLMN
OPQRSTU
VWXYZ

gwyddor

ئالفابە

gair

پەیڤ

testun

نڤیسێ

darllen

خواندن

sialc

گەچ

gwers

دەرس

cofrestr

قەیدکرن

arholiad

ئیمتیهان

tystysgrif

شەهادە

gwisg ysgol

کنجا دبستانێ

addysg

پەروەردەهی

gwyddoniadur

زانستنامە

prifysgol

زانینگە

microsgop

میکرۆسکووپ

map

خەریتە

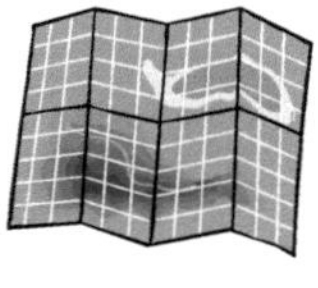

basged papur gwastraff

سەپەتا کاخەزێ

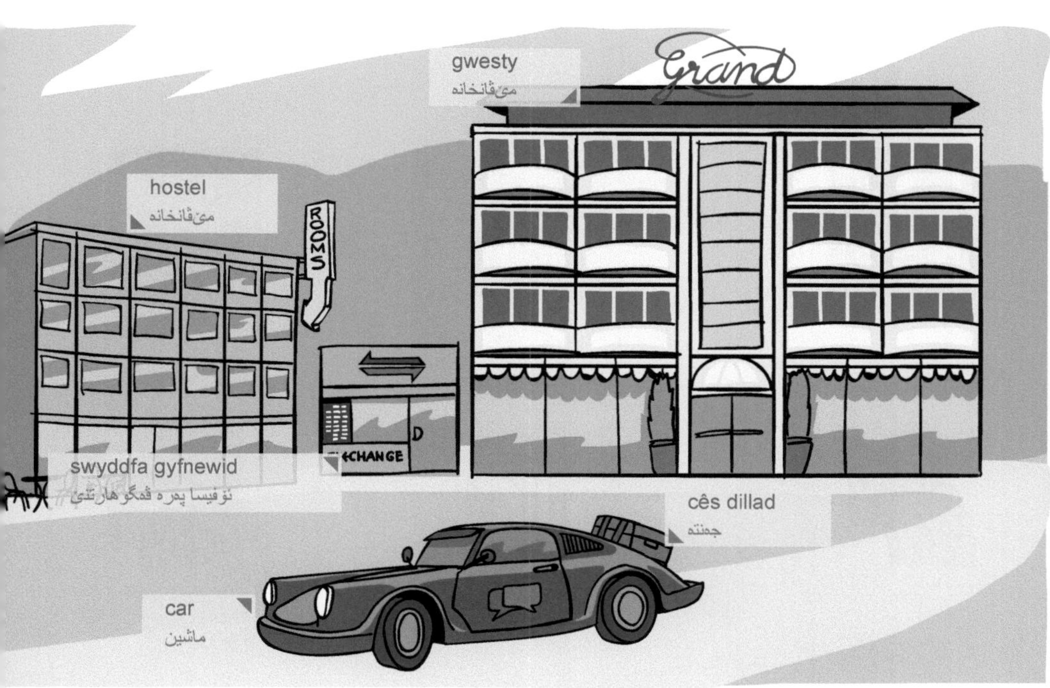

gwesty
مێڤانخانە
Grand
hostel
مێڤانخانە
swyddfa gyfnewid
cês dillad
car
ماشین

iaith

زمان

ie / na

بەلێ / نا

iawn

باش

helo

سلاڤ

cyfieithydd

وەرگێرا نڤیسکی

Diolch yn fawr

سپاس

faint yw ...?

....

بهایێ ... چ قاسه؟

Dw i ddim yn deall

....

ئەز فام ناکم

problem

....

ئاریشە

Noswaith dda!

....

ئێڤارباش!

Bore da!

....

سپێدی باش!

Nos da!

....

شەڤ باش!

hwyl

....

خاترێ تە

cyfarwyddyd

....

ئالی

bagiau

....

هوورموور

bag

....

چەنتە

gwarbac

....

چەنتە پشت

gwestai

....

مێڤان

ystafell

....

ئۆدە

sach gysgu

....

جامە خەو

pabell

....

چادر

gwybodaeth i ymwelwyr

ئاگاگیێن گەرۆکان

traeth

رەخێ ئاڤێ

cerdyn credyd

کارتێ قەرزی

brecwast

تاشتێ

cinio

فراڤین

swper

شیڤ

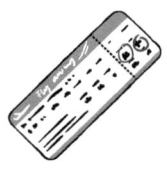

tocyn

کارت

lifft

ئاسانسۆر

stamp

پوول

ffin

تخووب

tollau

گومرک

llysgenhadaeth

بالیۆزخانە

fisa

ڤیزا

pasbort

پاساپۆرت

cludiant

گوهازتن

awyren
فرۆکە
llong
گەمی
injan dân
ئەرەبە ئاگرکووژ
lori
کامیۆن
bws
cwch modur
پاپۆرا ماتۆری
beic
دوچەرخە
car
ماشین

fferi

پاپۆر

cwch

پاپۆر

beic modur

مۆتۆرسیکلێت

car yr heddlu

ترمبێلا پۆلیسێ

car rasio

ترمبێلا پێشبازیێ

car wedi'i rentu

ئەرەبە کرێکرنێ

rhannu car

....

ماشین پەرڤەکرن

lori tynnu

....

کامیۆنا کشاندنێ

lori ysbwriel

....

کامیۆنا خوەلی

modur

....

مۆتۆرسیکلێت

tanwydd

....

مازۆت

gorsaf betrol

....

ئیستەگەها بەنزینێ

arwydd traffig

....

تابلۆیا ترافیکێ

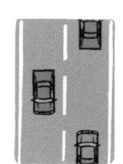

traffig

....

هاتنووچوون

tagfa draffig

....

ترافیک

maes parcio

....

جهێ پارکێ

gorsaf drennau

....

راوەستەکا ترێنێ

traciau

....

رێچ

trên

....

ترێن

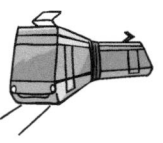

tram

....

ترێنێ کۆلانێ

wagen

....

ئەرەبە

hofrennydd

بابرۆک

maes awyr

بالافرگەه

tŵr

برج

teithiwr

مسافر

cynhwysydd

قووتی

paced

قووتی

cert

گرگرۆک

basged

سطک

esgyn / glanio

رابوون / نیشتن

dinas

بازار

pentref

گوند

canol y ddinas

ناڤەندا بازاری

tŷ

خانی

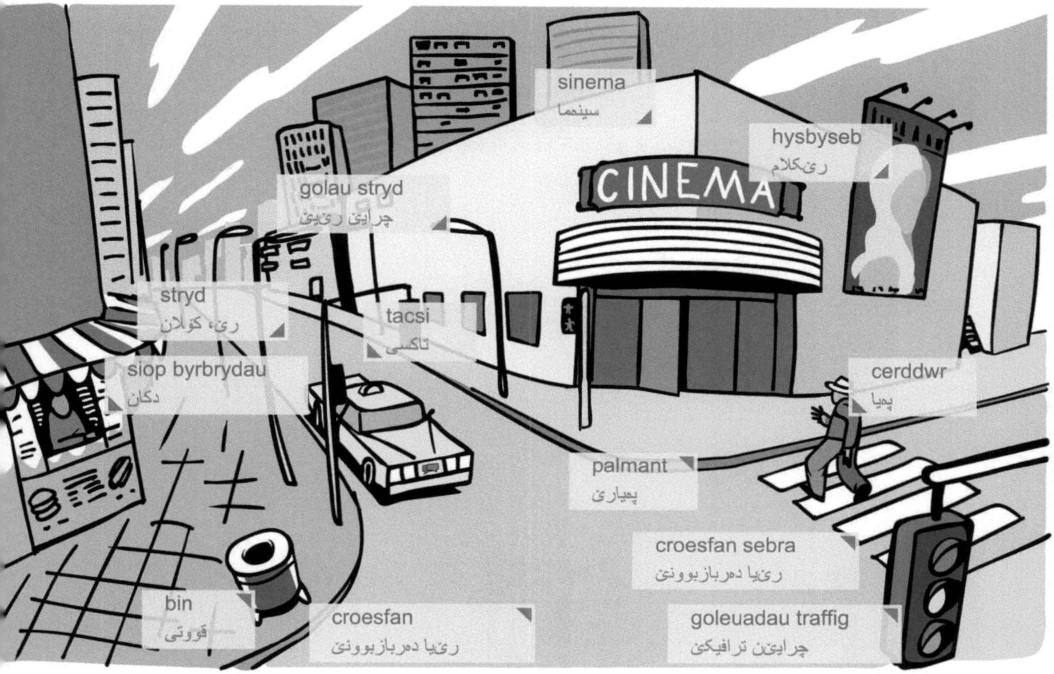
sinema
سینەما
CINEMA
hysbyseb
ڕێکلام
golau stryd
چرایێ ڕێێ
stryd
ڕێ، کۆلان
tacsi
تاکسی
siop byrbrydau
دکان
cerddwr
پەیا
palmant
پەیاری
croesfan sebra
ڕێیا دەربازبوونێ
bin
قووتی
croesfan
ڕێیا دەربازبوونێ
goleuadau traffig
چرایێن ترافیکێ

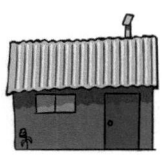

cwt

کۆخ

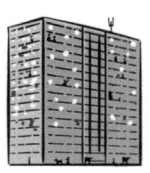

fflat

خانی

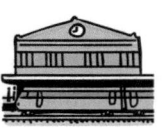

gorsaf drennau

راوەستەکا ترێنێ

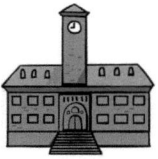

neuadd y dref

تەلارا شارەڤانی

MUSEUM

amgueddfa

مووزەخانە

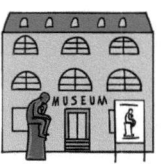

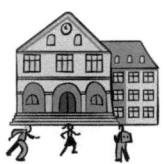

ysgol

دبستان

prifysgol

زانینگە

banc

بانک

ysbyty

نەخوەشخانە

gwesty

مێڤانخانە

fferyllfa

دەرمانخانە

swyddfa

ئۆفیس

siop lyfrau

کتێبفرۆشی

siop

دکان

siop flodau

گولفرۆش

archfarchnad

بازار

farchnad

بازار

siop adrannol

سوپەرمارکەت

siop bysgod

ماسیفرۆش

canolfan siopa

ناڤەندا کرین

harbwr

بەندەر

parc

پارک

banc

سەکوو

pont

پر

grisiau

دەرنجە

rheilffordd danddaearol

ژێر ئەردی

twnnel

توننەل

safle bws

ئیستگەها ئۆتوبووس

bar

بار

bwyty

خوارنگەه

blwch post

سندووقا پۆستێ

arwydd stryd

نیشاندەرکا رێیێ

mesurydd parcio

مەترا پارکینگێ

sŵ

باخچا هەیوانان

pwll nofio

هەوزا مەلەڤانی

mosg

مزگەفت

dinas - باژار 13

fferm

جۆتگەه

llygredd

لەوتاندنا دەردۆر

mynwent

گۆرستان

eglwys

کەنیسە

maes chwarae

ئەردێ لەیستنێ

teml

پەرستگەه

tirwedd

تەبیەت

deilen
گەلا
arwydd cyfeirio
نیشاندەرکا رێ
ffordd
رێ
dôl
carreg
کەڤر
coeden
دار
heiciwr
گەرۆک
afon
چەم
glaswellt
گیا
blodyn
کولیلک

cwm
....
دۆل

bryn
....
گر

llyn
....
گۆل

coedwig
....
دارستان

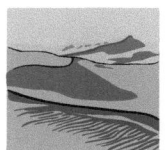

anialwch
....
بەیابان

llosgfynydd
....
ڤۆلکان

castell
....
کەلەە

enfys
....
کەسکەسۆر

madarchen
....
کڤارک

palmwydden
....
دارقەسپ

mosgito
....
مخمخک

pryf
....
مێش

morgrugyn
....
مێری

gwenyn
....
هنگ

pryf copyn
....
پیرێ

chwilen

کێزک

llyffant

بەق

gwiwer

سهۆر

draenog

ژیژۆک

ysgyfarnog

کەرگوێ

tylluan

پەپووک

aderyn

چڤیک

alarch

قوو

baedd

بەرازێ کۆڤی

carw

پەزکۆڤی

elc

پەزکۆڤی

argae

بەنداڤ

tyrbin gwynt

توورببینا با

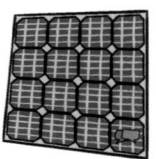

panel haul

پانەلا خۆرێ

hinsawdd

ئاڤ و هەوا

bwyty
خوارنگەه

gweinydd
بەرکار
bwydlen
cadair
کورسی
cawl
شۆربە
pitsa
پیزا
lliain bwrdd
سفرە
cyllyll a ffyrc
چەتەل و چەمچک

cwrs cyntaf

خوارنا دەستپێک

prif gwrs

خوارنا سەرەکی

pwdin

شێرانی

diodydd

ڤەخوارنان

bwyd

خوارن

potel

جام

bwyd cyflym
خوارنا لەز

bwyd y stryd
خوارنا رێیێ

tebot
چایدانک

powlen siwgr
قووتی شەکرێ

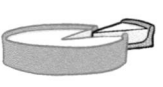

dogn
بەش

peiriant espresso
مەکینا چێکرنێ ئەسپرەسسۆ

cadair plentyn
کورسیا بلیند

bil
هەساب

hambwrdd
سێنی

cyllell
کێر

fforc
چەتال

llwy
کەڤچی

llwy de
کەڤچیا چای

napcyn
پێشگر

gwydr
قەدەه

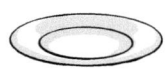

plât

تەیفک

plât cawl

تەیفکا شۆربە

soser

پیالە

saws

چێنج

pot halen

خوێدانک

melin bupur

قووتی بیبار

finegr

سێک

olew

روون

sbeisys

بهارات

saws coch

کەتچاپ

mwstard

موستارد

mayonnaise

مایۆنێز

archfarchnad

بازار

cynnig arbennig
پێشکێشێن تایبەت
FOR
cwsmer
مشتەری
cynnyrch llaeth
ffrwythau
فێکی
troli

siop gig

قەسابی

siop fara

دکانا نانپێژ

pwyso

وەزن کرن

llysiau

سەبزە

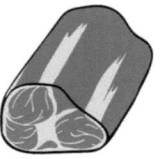

cig

گۆشت

Bwyd wedi'i rewi

خوارنێ جەمەدی

cig oer

گۆشتێ سار

bwyd tun

خوارنا پیلێ

powdr golchi

خوبارێ پاقژکرنێ

da-da

شرینی

cynnyrch cartref

بەرهەمێن ناڤخوەیی

cynhyrchion glanhau

بەرهەمێن پاقژکرنێ

gwerthwraig

فرۆشیار

til

خەزنۆک

ariannwr

دراڤگر

rhestr siopa

لیستا کرینێ

oriau agor

دەمێن ڤەکری

waled

جزدان

cerdyn credyd

کارتێ قەرزێ

bag

چەوال

bag plastig

چەنتە

diodydd

ڤەخوارنان

dŵr

ئاڤ

sudd

شەربەت

llefrith

شیر

côc

کۆمر

gwin

شەراب

cwrw

بیرا

alcohol

ئالکول

coco

کاکۆ

te

چای

coffi

قەهوە

espresso

ئەسپرەسسۆ

cappuccino

کاپۆچینۆ

banana

مۆز

afal

سێڤ

oren

پرتەقالی

melon

گوندۆر

lemwn

لیمۆن

moronen

گێزەر

garlleg

سیر

bambŵ

قامر

nionyn

پیڤاز

madarchen

قارچک

cnau

گەویز

nwdls

شەهیرە

sbageti

سپاگێتتی

reis

برنج

salad

سەلەتە

sglodion

چیپس

tatws wedi'u ffrïo

پەتەتەیا براشتی

pitsa

پیزا

hambyrger

هامبورگەر

brechdan

نانۆک

cytled

گۆشتێ ستوویێ بەرخی

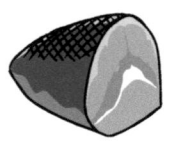

ham

گۆشتێ هشککری

salami

سالامێ

selsig

سۆسیس

cyw iâr

مریشک

rhost

بژارتن

pysgodyn

ماسی

ceirch uwd

شۆربە بلوول

miwsli

مووسلی

creision ŷd

کەرتێن گلگلان

blawd

ئارد

croissant

جرۆسسانت

bynsen

سەموون

bara

نان

tost

تۆست

bisgedi

نانک

menyn

نڤیشک

ceuled

ماست

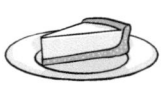

teisen

کولیچە

wy

هێک

wy wedi'i ffrïo

هێکا قەلاندی

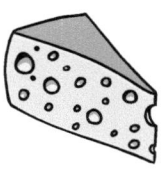

caws

پەنیر

hufen iâ

دۆندرمە

siwgr

شەکر

mêl

هنگڤ

jam

مرەبا

siocled taenu

خامەیا نۆوگات

cyri

کوری

ffermdy
خانیا چەولگا
ysgubor
کادین
bwrn gwellt
تەپکا پووشێ
maes
ceffyl
هەسپ
ôl-gerbyd
کاروان
tractor
تراکتور
ebol
جانی
asyn
کەر
dafad
بەران
oen
بەرخ

gafr
بزن

buwch
چێلەک

llo
گۆلک

mochyn
بەراز

porchell
خنزیرک

tarw
بۆخە

gwydd

قاز

hwyaden

مراڤی

cyw

جووچک

iâr

مریشک

ceiliog

کەڵەشێر

llygoden fawr

جرج

cath

کتک

llygoden

مشک

ych

گا

ci

کووچک

cwt ci

خانیا کووچکێ

pibell ddŵr

خانی باخێ

can dŵr

قووتیکا ئاڤدانێ

pladur

شالووک

aradr

گاسن

cryman

داس

fforch chwynu

مەربێر

picwarch

دارساپک

bwyell

بڤر

berfa

دەستگەره

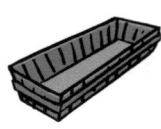

cafn

قووتی خوارنا جانداران

tun llefrith

قووتی شیر

sach

توور

ffens

چەپەر

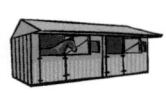

stabl

ئاخور

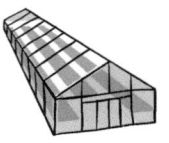

tŷ gwydr

خانا کولیلکان

pridd

ئاخ

hedyn

دەندک

gwrtaith

پەین

dyrnwr medi

کۆمباین

cynaeafu

زاد

cynhaeaf

زاد

iamau

پەتەتە

gwenith

گەنم

soi

فاسۆلی

tysen

پەتەتە

grawn

دەخل

had rêp

دندک

coeden ffrwythau

داری فێکی

manioc

سیڤێ بن ئەردی

grawnfwydydd

زاد

tŷ

خانی

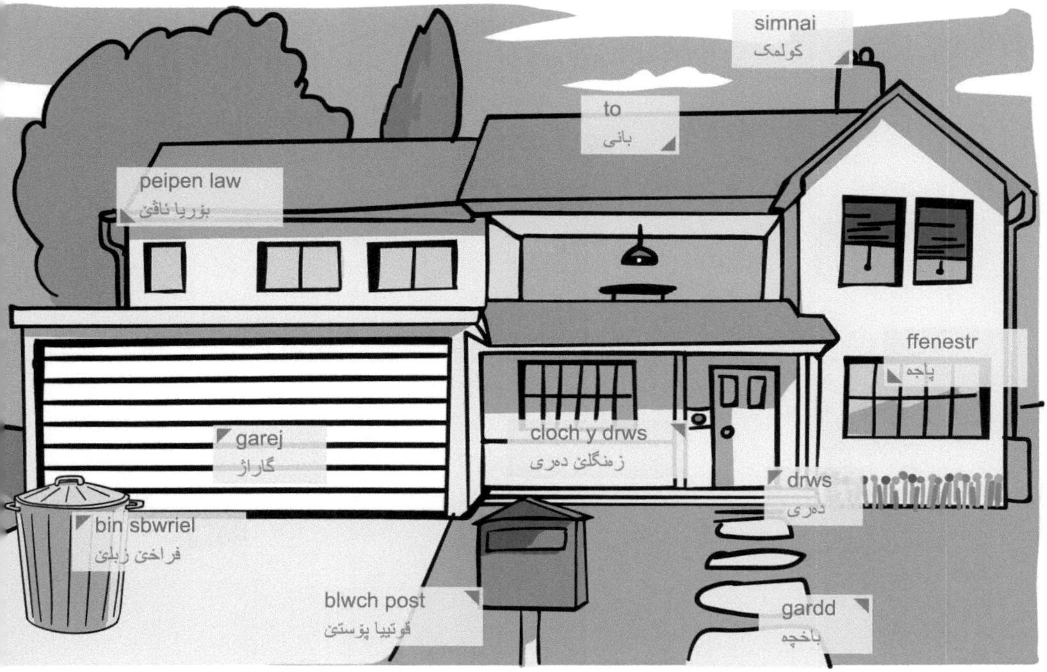

simnai
کولمک
to
بانی
peipen law
بۆریا ئاڤێ
ffenestr
پاجە
garej
گاراژ
cloch y drws
زەنگلێ دەری
drws
bin sbwriel
blwch post
قوتیا پۆستێ
gardd
باخچە

lolfa

ئۆدا روونشتنێ

ystafell ymolchi

حەمام

cegin

مەتبەخ

ystafell wely

ئۆدا خەوێ

ystafell plentyn

ئۆدەیا زارۆک

ystafell fwyta

ئۆدا شیڤێ

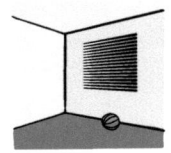

llawr

بنی

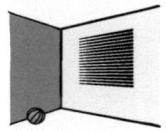

wal

دیوار

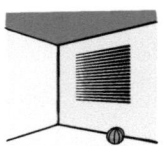

nenfwd

بەربان

seler

خەنزک

sawna

ساونا

balconi

بالکۆن

teras

بەردانک

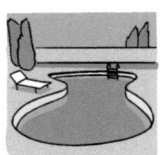

pwll

هەوزا مەلەڤانی

peiriant torri gwair

چیمەن بڕ

taflen

مەلهەفە

gorchudd gwely

بەتانی

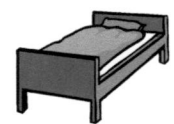

gwely

نڤین

ysgub

گەزک

bwced

ساتل

swits

کلیل

lolfa

ئۆدا روونشتنێ

papur wal
کاغەزێ دیوار
llun
وێنە
lamp
لامپا
silff
رەف
cwpwrdd
دۆلاب
teledu
تەلەفیسیۆن
lle tân
ئاگردان
blodyn
clustog
سەرین
soffa
قەنەپە
fâs
rheolydd o bell
کۆنترۆلا دوور

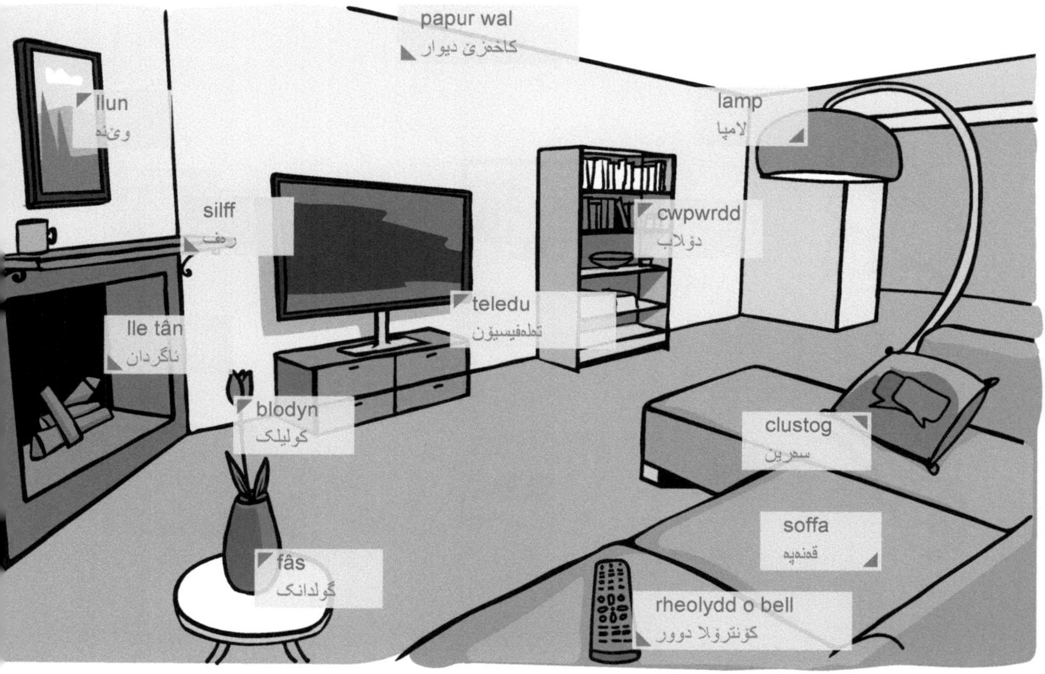

carped

خالیچە

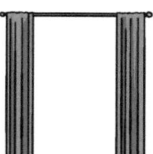

llen

پەردە

bwrdd

مێز

cadair

کورسی

cadair siglo

کورسیا هەژانۆک

cadair freichiau

کورسی

llyfr

....

پرتووک

blanced

....

بەتانی

addurn

....

خەملاندن

coed tân

....

ئێزنگ

ffilm

....

فیلم

hi-fi

....

هـ-ف

agoriad

....

کلیل

papur newydd

....

رۆژنامە

darlun

....

نیگار

poster

....

پۆستەر

radio

....

رادیۆ

llyfr nodiadau

....

دەفتەر

hwfer

....

سڤنکا ئەلەکتریکی

cactws

....

کاکتووس

cannwyll

....

مۆم

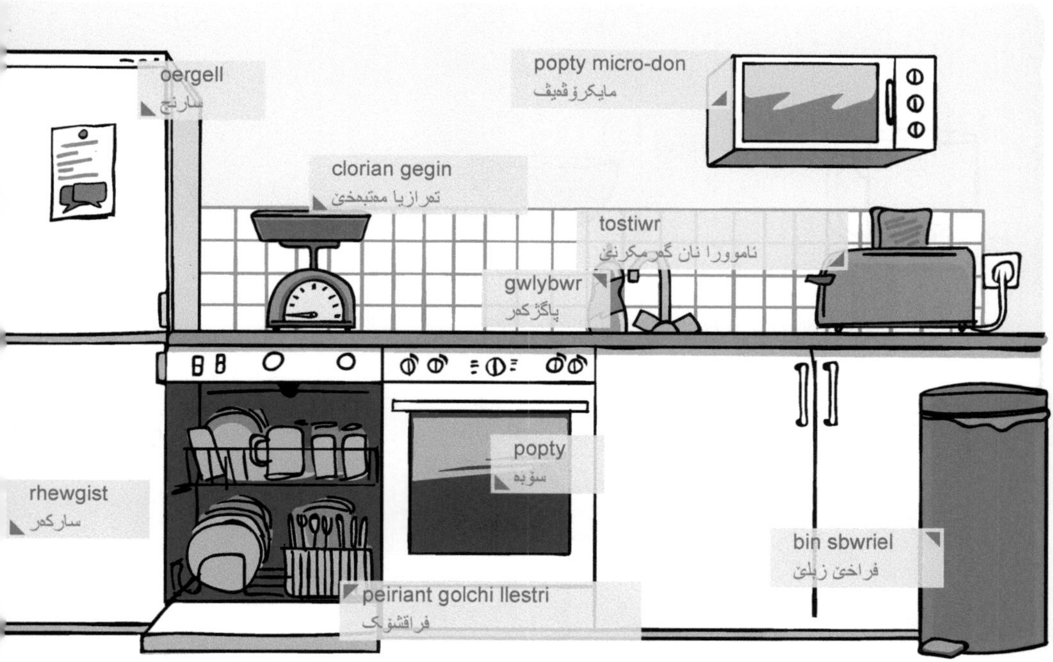

مەتبەخ

oergell
popty micro-don
مایکرۆڤەیف
clorian gegin
تەرازیا مەتبەخێ
tostiwr
ئامموورا نان گەرمکرنێ
gwlybwr
پاگژکەر
popty
سۆبە
rhewgist
سارکەر
bin sbwriel
فراخێ زبلێ
peiriant golchi llestri
فراقشۆک

popty

سۆبە

pot

ئامان

pot haearn bwrw

ئامای ئووتوو

wok / kadai

فراقێ مەزن

padell

دیزک

tegell

کملینک

cegin - مەتبەخ

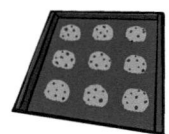

sosban stemio	hambwrdd pobi	llestri
فراقێ هلمێ	سێنی نانێ	فراق
mwg	powlen	gweill bwyta
پیاله	کاسک	داری نانخوارن
lletwad	ysbodol	chwisg
هەسک	کەڤچیا مەزن	رینەک
hidlydd	gogr	gratiwr
کەفگیر	بێژنگ	رێشکەر
morter	barbeciw	tân agored
دەستار	براشتن	ئاگرێ ڤالا

bwrdd torri cig

تەختەیا بڕینێ

rholbren

دارکێ تیرێ

tynnwr corcyn

دەڤک بادەک

tun

قووتی

peth agor tuniau

قووتیڤەکر

clwt pot

جاوێ ئامانان

sinc

دەستشۆ

brws

فرچە

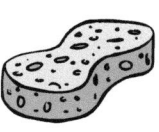

sbwng

پارازۆا

peiriant cymysgu

تەڤدێر

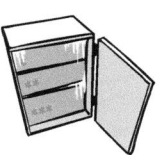

rhewgell

سارکەرێ جەمەدی

potel babi

شووشە بەبکان

tap

هەنەفی

ystafell ymolchi

هەمام

gwres
گەرمژانک
tywel
خاولی
cawod
دووش
llen gawod
پەردەیا هەمامێ
baddon ewyn
baddon
هەوزا هەمام
gwydr
peiriant golchi
جلشۆک
teils
ئاجوور
tap
potyn
توالەتا زاروکان
sinc
دەستشۆ

tŷ bach

توالەت

toiled cyrcydu

توالەتا ئەردێ

bidet

توالەت

troethfa

ئاڤدەستخانا مێران

papur tŷ bach

کاخەزا توالەت

brws tŷ bach

فرشەیا توالەت

brws dannedd

فرچەیا دران

past dannedd

مەجوونا دران

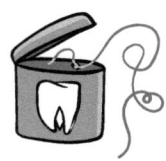

edau ddannedd

نمخا ددان

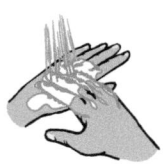

golchi

شووشتن

cawod llaw

دووشێ دەستێ

golchfa

دووش

basn

دەستشۆ

brws-ôl

فرچا پشت

sebon

سابوون

gel cawod

جێلێ هەمام

siampŵ

شامپۆ

gwlanen

فانیلە

ffos

زێراب

hufen

کرێم

diaroglydd

بێهن خوەشکر

drych

مرێک

drych llaw

مرێکا دەستێ

rasel

گووزان

ewyn eillio

کەفێ تەراشینێ

sent eillio

مەجوونا پشتی تەراشینێ

crib

شەه

brws

فرچە

sychwr gwallt

پۆر هیشککر

chwistrell gwallt

سپرایا پۆرێ

colur

کۆزمەتیک

minlliw

سۆراڤک

farnais ewinedd

رەنگێ نینۆک

gwlân cotwm

پەمبوو

siswrn ewinedd

مەقەستا نینۆک

persawr

پارفووم

bag ymolchi

....

چەوالێ هەمامێ

stôl

....

کورسیا بێپشت

clorian

....

تەرازی

gŵn baddon

....

کنجا هەمامێ

menig rwber

....

لەپکا لاستیکێ

tampon

....

تامپۆن

tywel misglwyf

....

خاولیا پاقژکرنێ

toiled cemegol

....

توالەتا کیمییەوی

ystafell plentyn

ئۆدەیا زارۆک

cloc larwm
دەمژمێرک
tegan anwes
لیستۆک
car tegan
ماشینا لیستۆک
cleciwr
خشخشۆک
tŷ dol
مالا لیستۆک
anrheg
خەلات

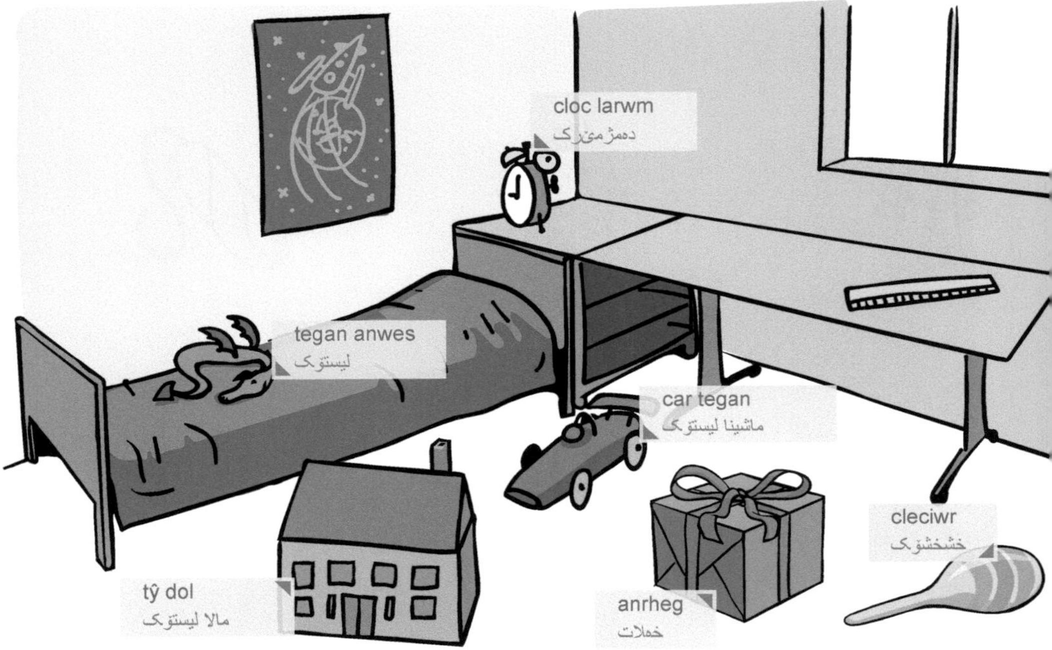

balŵn

پفدانک

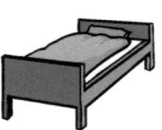

gwely

نڤین

pram

کۆچک

pecyn o gardiau

لیستکا کارتێ

jig-so

فریزبی

comic

کۆمیک

brics Lego

ئاجوورا لێگۆ

blociau adeiladu

ئاجوورا لیستۆک

ffigur gweithredu

بووکە شووشە

babygro

کنجا بەبکان

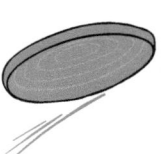

ffrisbi

فرزبێ

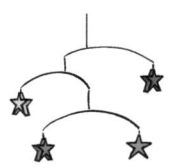

symudyn

ڤەگو هەستن

gêm fwrdd

لیستکێن تەختە

deis

مۆر

set model trên

مۆدێلا ترێنێ

teth lwgu

مەمک

parti

جەژن

llyfr lluniau

کتێبا وێنە

pêl

تۆپ

dol

بووکە شووشە

chwarae

لەییستن

pwll tywod

گونا خیزێ

swing

جۆلانە

teganau

لیستۆکان

consol gemau fideo

لیستکا ڤیدەۆیی

beic tair olwyn

سێچەرخە

tedi

هرچا لیستۆک

cwpwrdd dillad

جلدانک

dillad

کنج

hosanau

گۆرە

hosanau

گۆرە

teits

دەرپێگۆرێ

sgarff
شال
ymbarél
چەتر
crys-t
کراس
gwregys
قایش
esidiau ymarfer
سۆلک
esgidiau
شمکال
sliperi
سۆلکێ ناڤ مالێ

sandalau

سۆلک

esgidiau

سۆل

esgidiau rwber

پۆتینا چەرمێ

trôns

پانتۆلێ ژێر

bra

پێسیر بەند

fest

چمکبەند

dillad - کنج

45

corff

جەندەک

trowsus

پانتۆل

jîns

ژەانس

sgert

دامان

blows

کراس

crys

کراس

pwlofer

فانێلە

hwdi

فانێلە

blaser

جاکێت

siaced

ساکۆ

côt

چاکەت

côt law

بارانی

gwisg

لەباس

gŵn

فیستان

gwisg briodas

جلێ داوەتێ

siwt

چاکێت

gŵn nos

پێجامە

pyjamas

پێجامە

sari

ساری

sgarff pen

لەچک

tyrban

مێزەر

bwrca

هێرام

cafftan

کافتان

abaya

ئەبا

gwisg nofio

کنجا ئاژنێکرن

trowsus nofio

جلکا مەلەڤانی

siorts

شۆرت

tracwisg

جلا هێڤۆژکاری

ffedog

پێشمال

menig

لەپک

botwm

دووگمە

sbectol

بەرچاڤک

breichled

بازن

cadwyn

گەردەنی

modrwy

گوستیل

clustdlws

گوهارک

cap

دەڤک

cambren

هلاڤستەک

het

کووم

tei

کراوات

sip

زیپ

helmed

سەرپارێز

fframiau danedd

دەرزی

gwisg ysgol

کنجا دبستانێ

gwisg

یوونیفۆرم

bib

بەردلک

teth lwgu

مەمک

cewyn

پوناخ

swyddfa

ئۆفیس

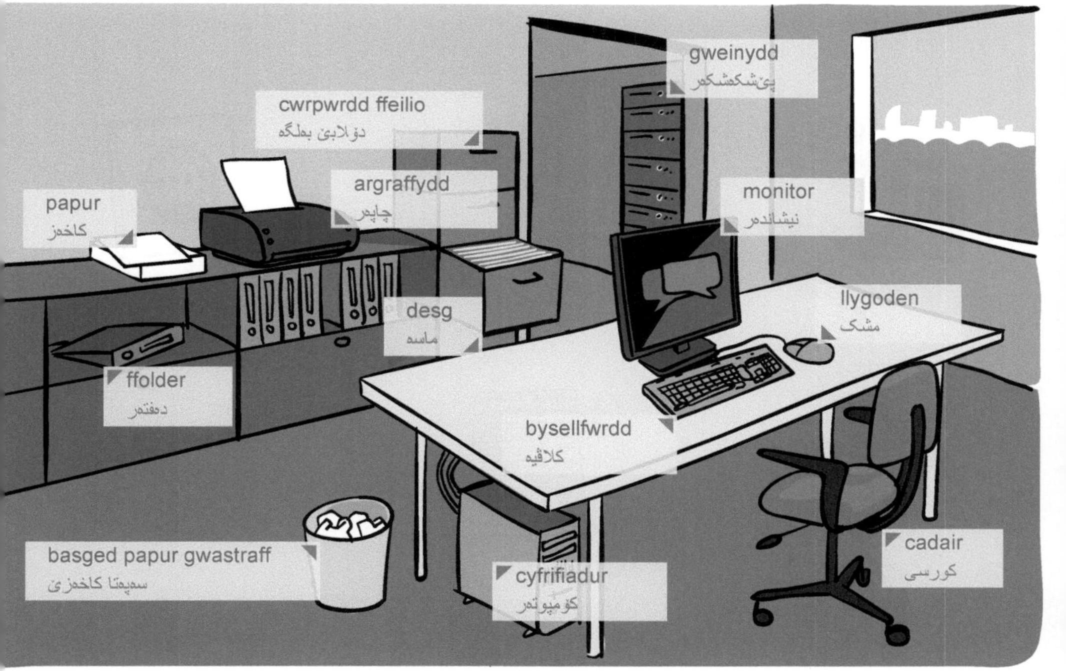

gweinydd
پێشکەشکەر
cwrpwrdd ffeilio
دۆلابێ بەلگە
argraffydd
چاپەر
papur
کاخەز
monitor
نیشاندەر
desg
ماسە
llygoden
مشک
ffolder
دەفتەر
bysellfwrdd
basged papur gwastraff
سەپەتا کاخەزێ
cyfrifiadur
کۆمپوتەر
cadair
کورسی

mwg coffi

کاسکا قەهوە

cyfrifiannell

هەسابکەر

rhyngrwyd

ئینتەرنەت

gliniadur

....

کۆمپوتەرا لاپتۆپ

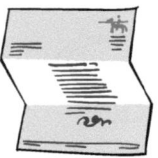

llythyr

....

نامە

neges

....

پەیام

ffôn symudol

....

تەلەفۆنا مۆبیل

rhwydwaith

....

تۆر

llungopïwr

....

مەکینا فۆتۆکۆپی

meddalwedd

....

سۆفتوارە

teleffon

....

تەلەفۆن

soced plwg

....

سۆجکەتا فیشەک

peiriant ffacs

....

مەکینا فاخێ

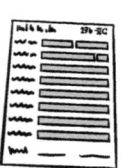

ffurflen

....

فۆرم

dogfen

....

بەلگە

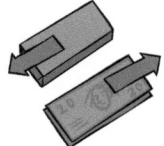

prynu

کرین

talu

پەرە دان

masnachu

بازرگانی

arian

پەرە

doler

دۆلار

ewro

یۆرۆ

yen

یەنی ژاپۆنی

rwbl

رۆبلی رووسی

ffranc y Swistir

فرانکی سویسی

yuan renminbi

یوانی چینی

rwpi

رووپی هندی

peiriant arian

ممکینا ژخوەبمرا دراڤ

swyddfa gyfnewid

ئۆفیسا پەرە ڤەگوهارتنێ

aur

زێڕ

arian

زیڤ

olew

نەفت

ynni

وزە

pris

بها

contract

پەیمان

treth

تاخ

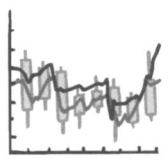

stoc

سەهام

gweithio

کارکرن

cyflogai

کارکەر

cyflogwr

کاردا

ffatri

فابریکا

siop

دکان

swyddi

swyddog heddlu
پۆلیس
diffoddwr tân
ئاگرکوژ
cogydd
meddyg
peilot
فرۆکەڤان

garddwr

باخچەڤان

saer

نەجار

gwniadwraig

دروونڤان

barnwr

هاکم

fferyllydd

شیمیازان

actor

شانۆگەر

gyrrwr bws

شوفێری باسێ

gyrrwr tacsi

شوفێرەکی تاکسیێ

pysgotwr

ماسیڤان

glanhawraig

پاگژکەر

töwr

چێکری بانی

gweinydd

بەرکار

heliwr

نێچرڤان

paentiwr

رەنگرێس

pobydd

نانپێژ

trydanwr

کارەباڤان

adeiladwr

ئاڤاکەر

peiriannydd

ئەندەزیار

cigydd

قەساب

plymiwr

لوولەکار

dyn y post

پۆستەڤان

milwr

ئەسکەر

pensaer

میمار

ariannwr

دراڤگر

gwerthwr blodau

فرۆتکارا چیچەکان

triniwr gwallt

پۆرچێکەر

archwiliwr tocynnau rheilffordd

ئاژۆڤان

mecanydd

مەکانیک

capten

کەشتیڤان

deintydd

پزیشکا ددانان

gwyddonydd

زانستیار

rabi

رووهان

imam

ئیمام

mynach

کەشە

clerigwr

کەشیش

offer

ئامووران

morthwyl
چەکووچ
gefail
مووچینگ
tyrnsgriw
جەربادەر
sbaner
fflashlamp
دارا چرا

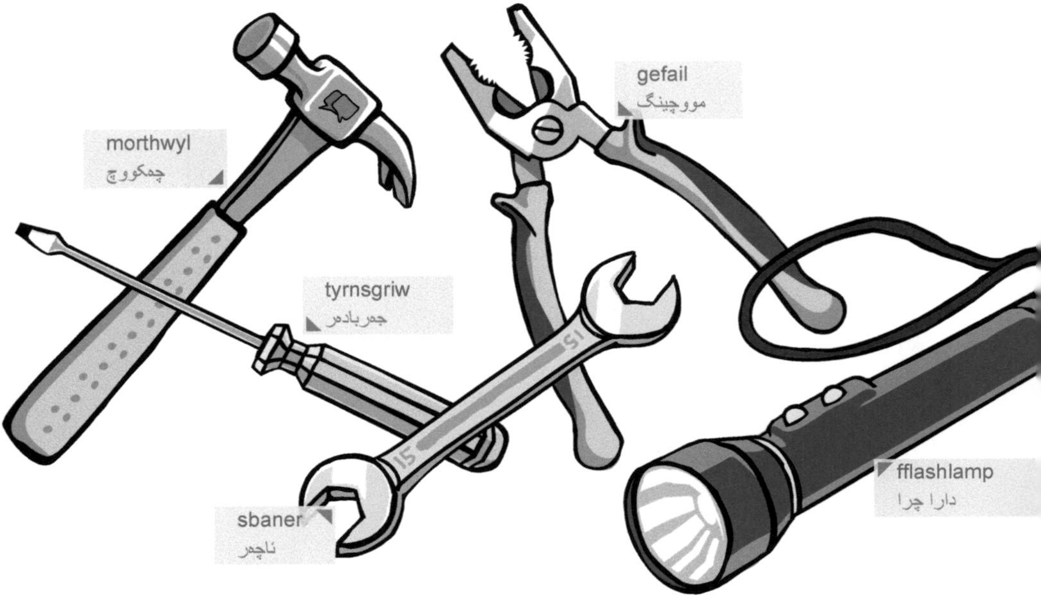

turiwr

شۆفەل

blwch offer

قووتیا ئامووران

ysgol

پەیژە

llif

مشار

hoelion

میخ

dril

قولکرن

trwsio

چێکرن

rhaw

مەربێڕ

Daria!

ئالەت!

rhaw lwch

بێل

pot paent

قووتیا رەنگێ

sgriwiau

جەڕ

offerynnau cerdd

ئامووریێن موزیکێ

uchelseinydd
بلیندگۆ
set drymiau
gitâr
گیتار
bas dwbl
جۆرەیا گیتار
trwmped
زرنا

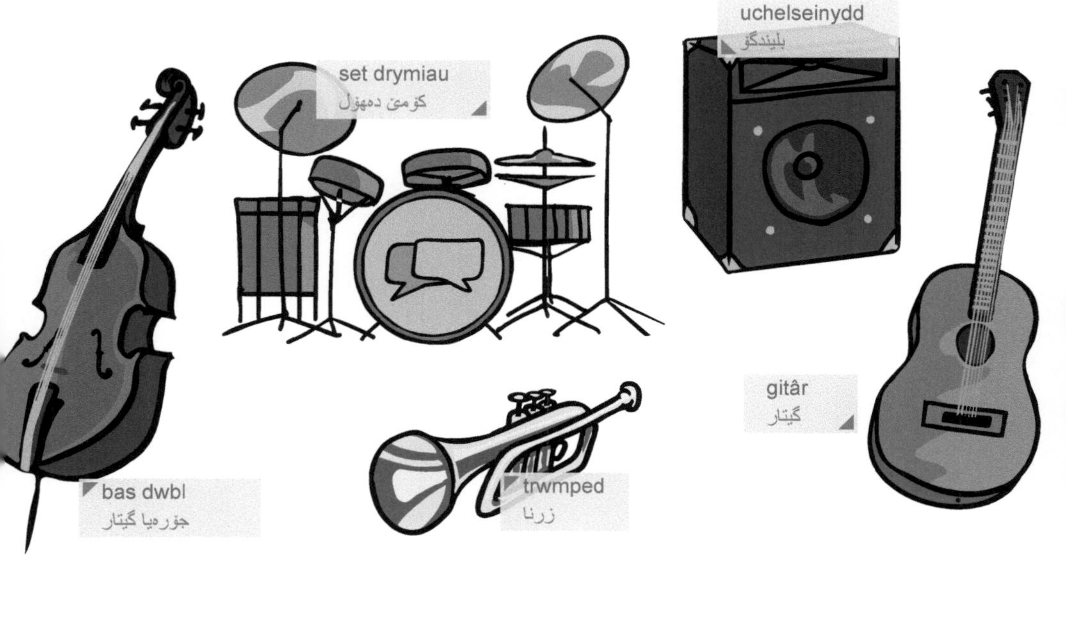

piano

....

پیانۆ

ffidil

....

ڤیۆلین

bas

....

باس

timpani

....

دەهۆل

drymiau

....

داهۆل

cyweirfwrdd

....

کەیبۆارد

sacsoffon

....

ساکسۆفۆن

ffliwt

....

بلوور

meicroffon

....

میکرۆفۆن

باخچا هەیوانان

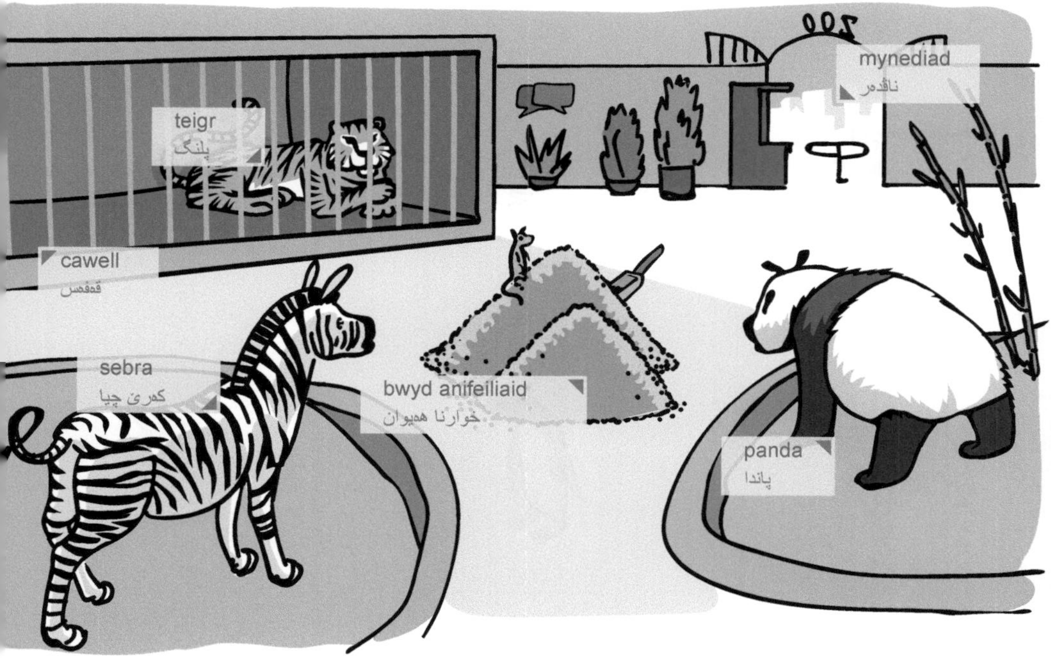
teigr
پلنگ
mynediad
ناڤدەر
cawell
قەفەس
sebra
کەرێ چیا
bwyd anifeiliaid
خوارنا هەیوان
panda
پاندا

anifeiliaid

هەیوان

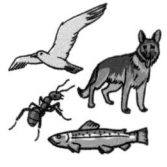

eliffant

فیل

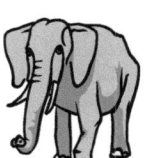

cangarŵ

کانگاروو

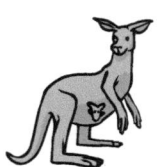

rhinoseros

کەرکەدەن

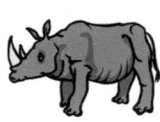

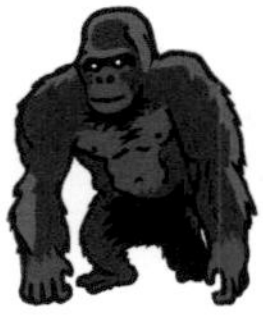

gorila

گۆریل

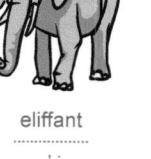

arth

هرچ

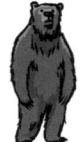

camel

هێشتر

estrys

هێشترمە

llew

شێر

mwnci

مەیموون

fflamingo

فلامینگۆ

parot

پاپاخان

arth wen

هرچا جەمسەری

pengwin

پەنگوین

siarc

سەماسی

paun

تاووس

neidr

مار

crocodeil

تمساه

gofalwr sŵ

پارێزەرا باخچا ئاژالان

morlo

سەیا دەریا

jagwar

پلنگ

merlyn

هەسپ

llewpard

پلنگ

hipo

هەسپێ رووبار

jiráff

جانەێشتر

eryr

هەڵۆ

baedd

بەرازێ کۆڤی

pysgodyn

ماسی

crwban

کووسی

walrws

والراس

llwynog

رۆڤی

gafrewig

خەزال

chwaraeon

وەرزش

pêl-droed America
فووتبۆڵێ ئامەریکا
beicio
بسکلێتان
tennis
pêl-fasged
باسکێتبۆل
nofio
bocsio
بۆخنگ
hoci iâ
هۆکەیا سەر جەمەدێ

pêl-droed

فووتبۆل

badminton

بادمنتۆن

athletau

یێ ئاتلەتیزمێ

pêl-law

هەندبۆل

sgïo

بەفرازۆتن

polo

پۆلۆ

gweithgareddau

چالاکیان

neidio
cofleidio
chwerthin
کەنین
cerdded
canu
لاوژە گوتن
breuddwydio
خەون دیتن
gweddïo
نمێژ کرن
cusanu
ماچکرن

ysgrifennu

نڤیساندن

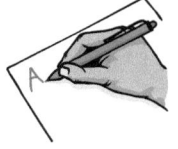

arlunio

نیگار کێشان

dangos

نیشان دان

gwthio

پالدان

rhoi

داین

cymryd

راکرن

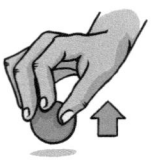

bod gan

هەبین

gwneud

کرن

bod

بوون

sefyll

سەکنین

rhedeg

بازدان

tynnu

کشاندن

taflu

ئاڤێتن

disgyn

کەتن

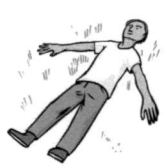

gorwedd

دەرەو کرن

aros

سەکنین

cario

گوهێزتن

eistedd

روونشتن

gwisgo amdanoch

جل بەرکرن

cysgu

رازان

deffro

رابوون

edrych ar

مێزە کرن

crïo

گرین

anwesu

جەلتە

cribo

شە کرن

siarad

پەیڤین

deall

فامکرن

gofyn

پرسکرن

gwrando

بهیستن

yfed

ڤەخوارن

bwyta

خوارن

tacluso

کۆم کرن

caru

حەزکرن

coginio

خوارن چێکرن

gyrru

ئاژۆتن

hedfan

فڕین

hwylio

کەشتیڤانی

cyfrifo

هەسباندن

darllen

خواندن

dysgu

هینبوون

gweithio

کارکرن

priodi

زەوجین

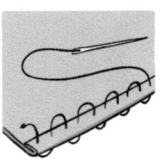

gwnïo

درووتن

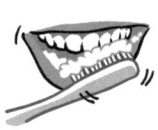

brwsio dannedd

ددان شووتن

lladd

کوشتن

ysmygu

دووخان

anfon

شاندن

nain
taid
باپیر
tad
mam
baban
merch
mab
کور

gwestai
میڤان

modryb
مەت

ewythr
ئاپ/خال

brawd
برا

chwaer
خوشک

corff

بەدەن

talcen
llygad
ysgwydd
مل
bys
تلی
wyneb
روو
gên
llaw
دەست
coes
لنگ
bron
سینگ
braich
پیل

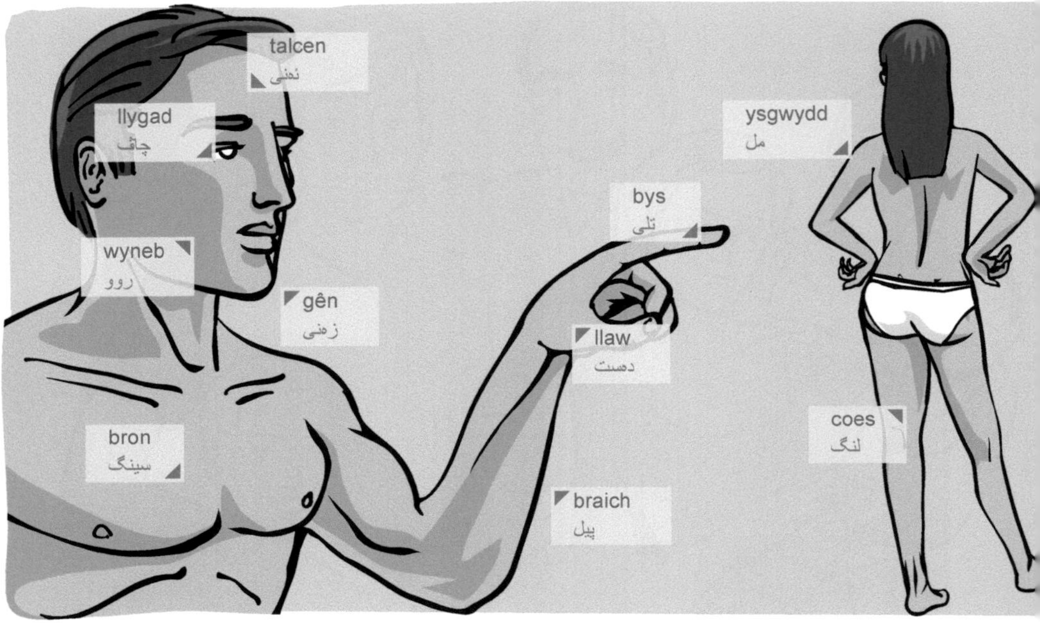

baban

بەبەک

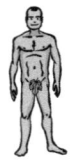

dyn

مێر

gwraig

ژن

geneth

کچ

bachgen

کوڕ

pen

سەر

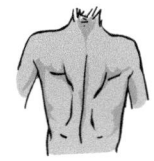

cefn

پشت

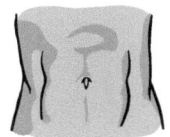

bel

زک

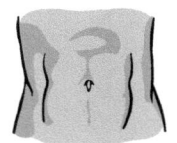

bogail

ناڤک

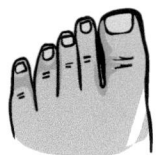

bys troed

تلییا پێ

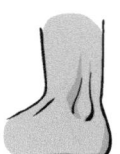

sawdl

پانی

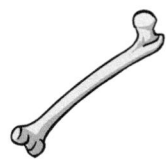

asgwrn

هستی

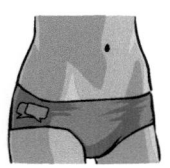

clun

کوولیمەک

pen-glin

ژوونی

penelin

ئەنیشک

trwyn

دفن

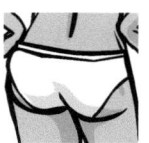

pen ôl

قوون

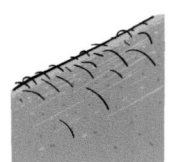

croen

چەرم

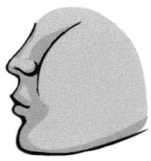

boch

روو

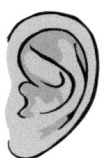

clust

گووه

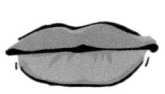

gwefus

لێڤ

ceg

دەڤ

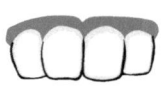

dant

دران

tafod

زمان

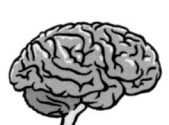

ymennydd

مێژی

calon

دل

cyhyr

ماسوول

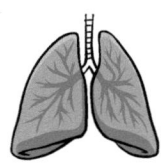

ysgyfaint

جیگەرا سپی

iau

جەگەر

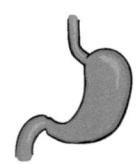

stumog

مادە

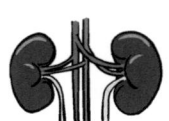

arennau

گوورچکان

rhyw

جۆتبوون

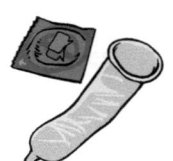

condom

کۆندۆم

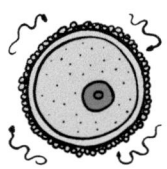

ofwm

هێک

semen

تۆڤ

beichiogrwydd

دووجانی

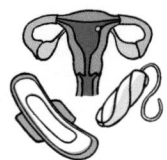

mislif

....

ناده

fagina

....

قووز

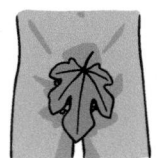

pidyn

....

کیر

ael

....

بروو

gwallt

....

پۆر

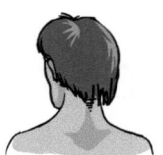

gwddf

....

هووستوو

ysbyty

نەخوەشخانە

نەخوەشخانە
ambiwlans
ئەرەبا نەخوەشان
cadair olwyn
ئەرەبۆکا گوولەکان
torasgwrn
شکەستە

meddyg

بژیشک

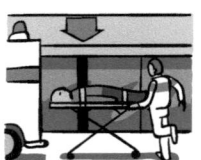

ystafell argyfwng

ئۆدا لەزگینێ

nyrs

نەخوەشیار

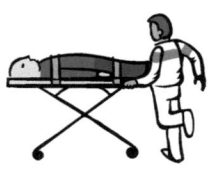

argyfwng

ئاجیلییەت

anymwybodol

بێهای

poen

ئێش

anaf

برین

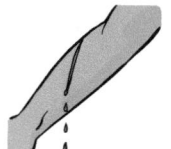

gwaedu

خوینپژان

trawiad ar y galon

هێرشا دلی

strôc

جەلتە

alergedd

ئالەرژی

peswch

کوخک

twymyn

تا

ffliw

زکام

dolur rhydd

ناڤچووین

cur pen

سەرێش

canser

قانسێر

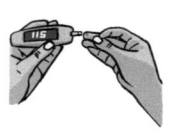

diabetes

نەخوەشیا شەکرێ

llawfeddyg

ئەمەلیکار

fflaim

سکالپێل

gweithrediad

ئەمەلی

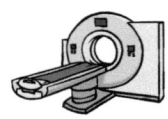

CT

جت

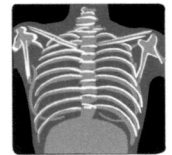

pelydr-x

سوورەتیٚ رۆنتگێن

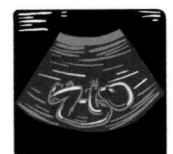

uwchsain

ئوولتراساوند

mwgwd wyneb

ماسکێ روویێ

clefyd

نەخوەشی

ystafell aros

ئۆدا سەکنینێ

bagl

گۆچان

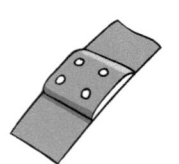

plastr

شێل

rhwymyn

پاچێ برینپێچانێ

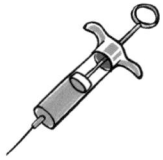

pigiad

دەرزی

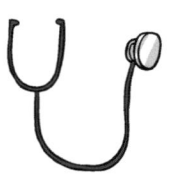

stethosgop

بیستۆکا پزیشکی

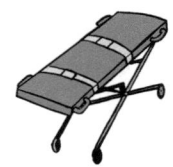

elorwely

داربەست

thermomedr clinigol

تێهنپیڤا کلینیکێ

genedigaeth

زایین

dros bwysau

قەلەو

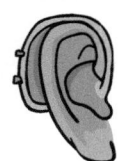

cymorth clyw

ئالیکاریا بهیستنێ

diheintydd

باکتەریکوژ

haint

کۆتیبوون

firws

ڤیرووس

HIV / AIDS

هڤ / ئادس

meddygaeth

دەرمان

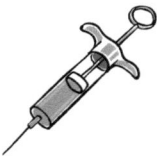

brechiad

کوتان

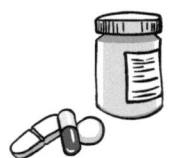

tabledi

هەبان

y bilsen

هەب

galwad frys

لەزگین

monitor pwysau gwaed

دیمەندەرێ پەستو خوین

yn sâl / yn iach

نەخوەش / ساخ

argyfwng
ئاجیلییەت

Help!

هەوار!

larwm

ئالارم

ymosodiad

ئێریش

ymosodiad

ئێریشکرن

perygl

تالووک

allanfa argyfwng

دەرکەتنا ئاجل

Tân!

ئاگر!

diffoddwr tân

ئاگر ڤەمراندنێ

damwain

قەزا

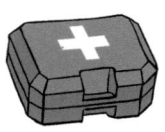

pecyn cymorth cyntaf

ئالەتێن ئالیکاریا یەکەم

SOS

سۆس

heddlu

پۆلیس

Ewrop

ئەوروپا

Gogledd America

ئامەریکایا باکوور

De America

ئامەریکایا باشوور

Affrica

ئافریکا

Asia

ئاسیا

Awstralia

ئاووسترالیا

Iwerydd

ئاتلانتیک

y Môr Tawel

ئۆکیانووسا مەزن

Cefnfor yr India

ئۆکیانووسا هندی

Cefnfor yr Antarctig

ئۆکیانووسا ئانتارکتیکا

Cefnfor yr Arctig

ئۆکیانووسا ئارکتیک

Pegwn y Gogledd

جەمسەرا باکوور

Pegwn y De

جەمسەرا باشوور

Antarctica

ئانتارکتیکا

y Ddaear

ئەرد

tir

ئاخ

môr

بەهر

ynys

دوورگە

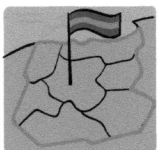

cenedl

مڵلەت

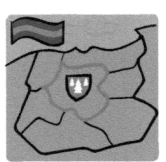

gwladwriaeth

وەلات

cloc

ساعەت

wyneb cloc

رووی ساعەت

bys awr

نشاندەرکا دەمژمێر

bys munud

نشاندەرکا دەقە

bys eiliad

نشاندەرکا سانیە

Faint o'r gloch yw hi?

سێت چەندە؟

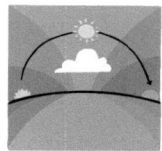

dydd

رۆژ

amser

دەم

yn awr

نها

cloc digidol

ساعەتی دجیتال

munud

دەقە

awr

سێت

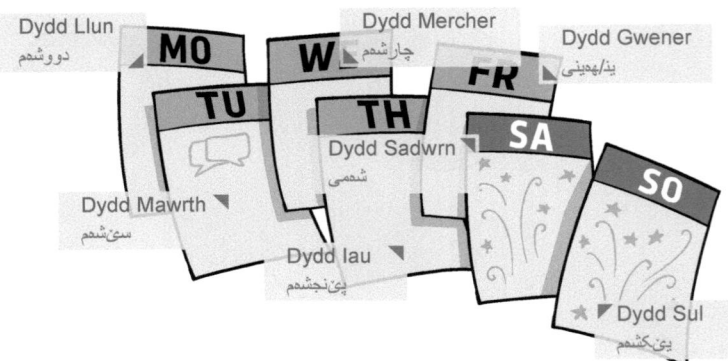

wythnos

هەفتە

W
TH
SA
Dydd Llun
دووشەم
Dydd Mercher
چارشەم
Dydd Gwener
ینَ/هەینی
Dydd Sadwrn
شەمی
Dydd Mawrth
سێشەم
Dydd Iau
پێنجشەم
Dydd Sul
یێکشەم

ddoe

دوه

heddiw

ئیرۆ

yfory

سبەی

bore

سبە

canol dydd

نیڤرۆ

noswaith

ئێڤار

diwrnodiau busnes

رۆژێن کارێ

penwythnos

داویا هەفتە

glaw
باران
enfys
کەسکەسۆر
gwynt
با
eira
بەفر
gwanwyn
hydref
پاییز
haf
هاڤین
gaeaf
زڤستان

4.APRIL 11°
5.APRIL 4°
6.APRIL 13°
7.APRIL 8°
8.APRIL 10°

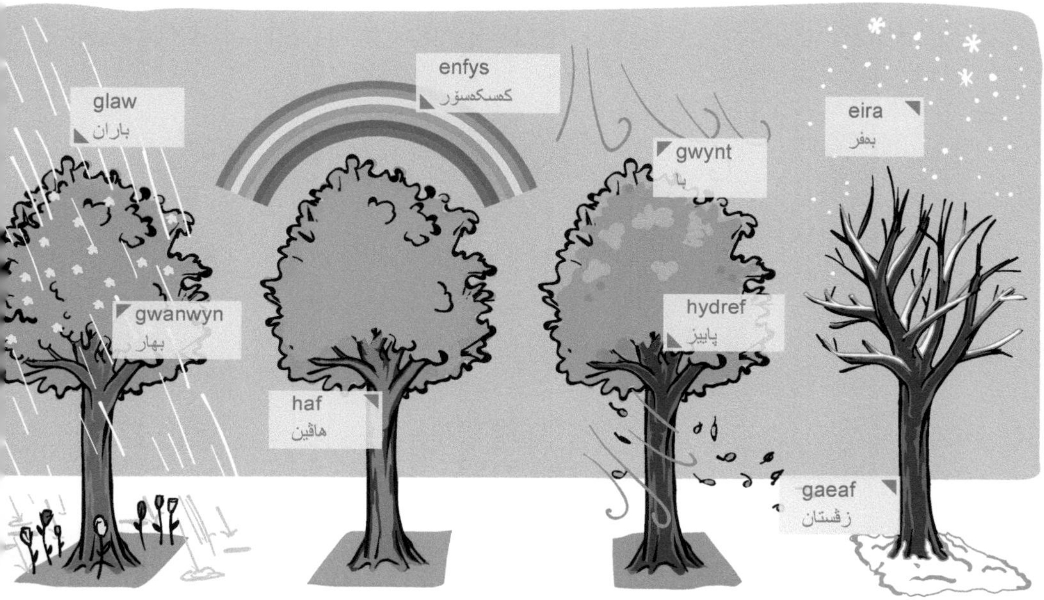

rhagolygon y tywydd

پێشبینیا هەوا

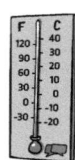

F
0
10
0
-10

thermomedr

تەهنپیڤ

heulwen

تاڤ

cwmwl

هەور

niwl tew

مژ

lleithder

هێمی

mellt

برق

taranau

برووسک

storm

تۆفان

cenllysg

تەرگ

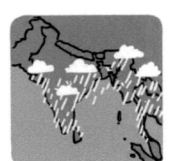

monsŵn

مانسوون

llif

لەهی

iâ

جەمەد

Ionawr

رێبەندان

Chwefror

رەشەمە

Mawrth

نەورۆز

Ebrill

گولان

Mai

جۆزەردان

Mehefin

پووشپەر

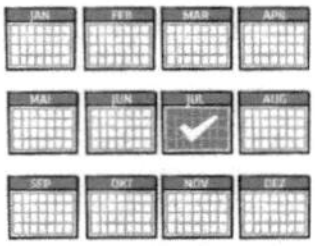

Gorffennaf

گەلاوێژ

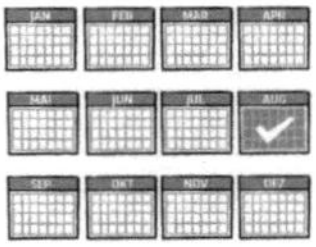

Awst

خەرمانان

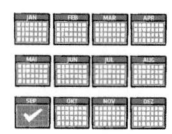

Medi

ڕەزبەر

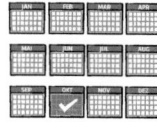

Hydref

کەوچێڕ

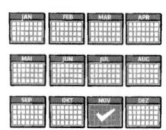

Tachwedd

سەرماوەز

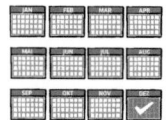

Rhagfyr

بەفرانبار

siapiau

شێوە

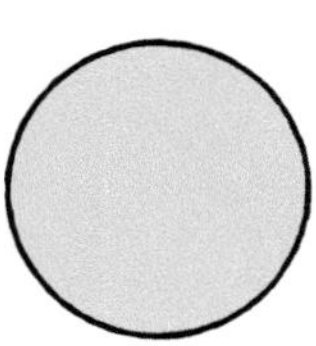

cylch

چەمبەر

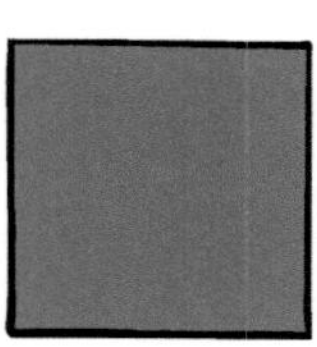

sgwâr

چارچک

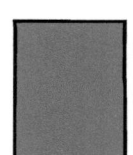

petryal

چارقۆزی

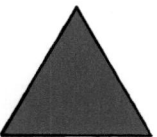

triongl

سێقۆزی

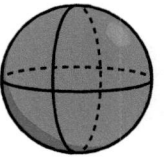

sffêr

قادا

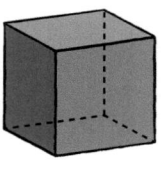

ciwb

خشتەک

lliwiau

رەنگان

gwyn

سپی

melyn

زەر

oren

پرتەقالی

pinc

پەمبە

coch

سۆر

porffor

مۆر

glas

شین

gwyrdd

کەسک

brown

قەهوەیی

llwyd

گەور

du

رەش

cyferbyniadau

بەرامبەران

llawer / ychydig

....

زۆر / کەم

dig / tawel

....

ب هێرس / بێدەنگ

hardd / hyll

....

بەدەو / نەرند

dechrau / diwedd

....

دەستپێک / داوی

mawr / bach

....

مەزن / بچووک

llachar / tywyll

....

رۆنی / تاری

brawd / chwaer

....

براک / خوشک

glân / budr

....

پاگژ / گرێژ

gyflawn / anghyflawn

....

تەڤی / نەتەمام

dydd / nos

....

رۆژ / شەڤ

farw / yn fyw

....

مری / زندی

llydan / cul

....

فرە / تەنگ

bwytadwy / anfwytadwy

خوەش / نەخوەش

drwg / caredig

نەباش / باش

llawn cyffro / diflasu

ب هەیەجان / ئاجز

tew / tenau

قەلەو / زراڤ

cyntaf / olaf

یەکەمین / داوین

cyfaill / gelyn

هەڤال / دژمن

llawn / gwag

تژی / ڤالا

caled / meddal

رەق / نەرم

trwm / ysgafn

گران / سڤک

wedi newynnu / yn sychedig

برچی / تینی

yn sâl / yn iach

نەخوەش / ساخ

anghyfreithlon / cyfreithiol

نەقانوونی / قانوونی

deallus / twp

رەوشەنبیر / بالوولە

chwith / dde

چەپ / راست

agos / pell

نێزی / دوور

ewydd / wedi'i ddefnyddio
....
نوو / بکارهاتی

dim / rhywbeth
....
هیچ / تشتەک

hen / ifanc
....
کال / جوان

ymlaen / i ffwrdd
....
ل / ژ

ar agor / ar gau
....
ڤەکری / گرتی

tawel / uchel
....
ئارام / دەنگبلند

cyfoethog / tlawd
....
دەولەمەند / رەبەن

cywir / anghywir
....
راست / شاش

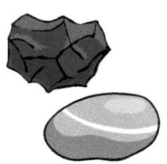

garw / llyfn
....
دڕ / هلوو

trist / hapus
....
خەمگین / شا

byr / hir
....
کورت / درێژ

araf / cyflym
....
هێدی / زوو

gwlyb / sych
....
شل / زوا

cynnes / claear
....
گەرم / هێنک

rhyfel / heddwch
....
شەڕ / ئاشتی

rhifau

هەژماران

0	1	2
sero	un	dau
سفر	یەک	دوو
3	4	5
tri	pedwar	pump
سێ	چار	پێنج
6	7	8
chwech	saith	wyth
شەش	هەفت	هەشت
9	10	11
naw	deg	un deg un
نەه	دەه	یازدە

12 un deg dau دازده	**13** un deg tri سێزده	**14** un deg pedwar چارده
15 un deg pump پازده	**16** un deg chwech شازده	**17** un deg saith هەفدە
18 un deg wyth هەژده	**19** un deg naw نۆزدەه	**20** dau ddeg بیست
100 cant سەد	**1.000** mil هەزار	**1.000.000** miliwn ملیۆن

ieithoedd

زمانان

Saesneg

ئینگلیزی

Saesneg America

ئنگلیزیا ئامەریکی

Tsieinëeg Mandarin

چینی ماندارین

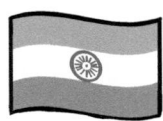

Hindi

هیندی

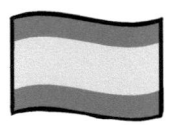

Sbaeneg

ئیسپانیۆلی

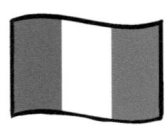

Ffrangeg

فرەنسی

Arabeg

ئەرەبی

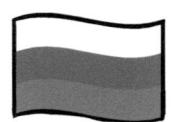

Rwseg

رووسی

Portiwgaleg

پۆرتوگالی

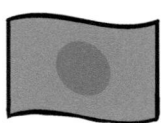

Bengali

بەنگالی

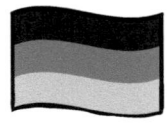

Almaeneg

ئەلمانی

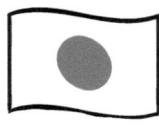

Siapanaeg

ژاپۆنی

pwy / beth / sut

کی /چ / چاوا

fi

....

من

ti

....

تو

ef / hi

....

ئەو / ئەڤ / ئەو

ni

....

ئەم

chi

....

تو

nhw

....

ئەو

pwy?

....

کی؟

beth?

....

چ؟

sut?

....

چاوا؟

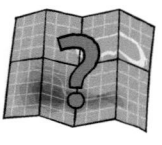

ble?

....

کیدەرێ؟

pryd?

....

کەنگی؟

enw

....

ناڤ

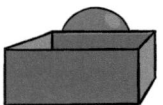

ble

کوو

y tu ôl i

پشتی

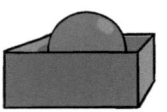

yn / yng / ym / mewn

o flaen

پێشی

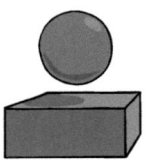

dros

سەر

ar

سەر

dan

بن

wrth ochr

کێلەک

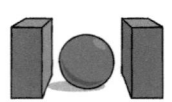

rhwng

ناڤبەر

lle

جه